エプロンと
エプロンみたいなワンピース

藁谷真生

文化出版局

CONTENTS

A

P.6 / 38
2サイズ
実物大パターンA面

B

P.8 / 40
2サイズ
実物大パターンA面

C

P.10 / 42
フリーサイズ
実物大パターンB面

D

P.12 / 44
フリーサイズ
実物大パターンA面

E

P.13 / 46
2サイズ
実物大パターンB面

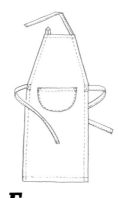

F

P.14 / 50
フリーサイズ
実物大パターンA面

G

P.16 / 52
2サイズ
実物大パターンA面

H

P.18 / 54
2サイズ
実物大パターンA面

I

P.20 / 56
フリーサイズ
実物大パターンB面

J

P.21 / 69
2サイズ
実物大パターンA面

K

P.22 / 58
フリーサイズ
実物大パターンB面

L

P.23 / 60
2サイズ
実物大パターンB面

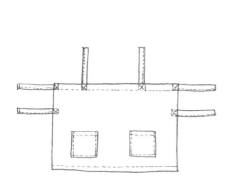

M
P.24 / 62
フリーサイズ

N
P.26 / 64
フリーサイズ
実物大パターンB面

O
P.28 / 66
フリーサイズ
実物大パターンA面

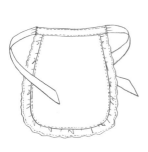
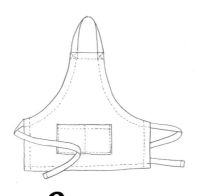

P
P.29 / 68
フリーサイズ
実物大パターンA面

Q
P.30 / 70
フリーサイズ
実物大パターンA面

R
P.31 / 72
2サイズ
実物大パターンB面

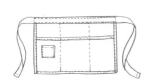
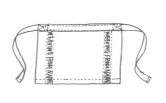

S
P.32 / 74
フリーサイズ

T
P.33 / 75
フリーサイズ

U
P.34 / 76
フリーサイズ

V
P.36 / 78
2サイズ
実物大パターンB面

BEFORE BEGINNING ⋯ P.37

エプロン。
私の大好きなアイテムです。
なぜ好きなのか？
感覚的に好き！な部分が大きいのですが、
おそらく、ファッション性を追求してのアイテムではなく、
あくまで様々な作業のために作られた実用的なアイテムというところが、
とてもひかれる部分なのかなと思います。

専門学校の卒業コレクション。
初めてエプロンからのインスピレーションで洋服を製作しました。
しっかりとした白地のコットンの裾にレースをあしらった
シンプルなエプロン風のワンピースです。
卒業コレクションというと、
普段は着られないコスチュームのような服を作る人が大半でしたが、
私はしばらく、そのエプロン風ワンピースの下に
デニムを重ねるスタイルを好んで着ていました。
振り返ってみると、
「エプロンみたいなワンピース」の原点はここにあったのか、と
10年以上も前のことを、とても懐かしく思い出します。

この本を製作するにあたり、
ひもつき、ラップ状、ポケット……などのエプロンディテールを
実は普段のデザインにも自然と落とし込んでいるということに
改めて気づきました。
「実用的でありながらも、きちんと見える服」
思えば、私のブランドBLANKETでも大切にしているコンセプトでした。

ぜひみなさんも、この本を通して改めてエプロンの魅力を感じ、
楽しんで作っていただければうれしいです。

藁谷 真生

A
HOW TO MAKE_P.38

B
HOW TO MAKE_P.40

c
HOW TO MAKE_P.42

D
HOW TO MAKE_P.44

E
HOW TO MAKE_P.46

F
HOW TO MAKE_P.50

G
HOW TO MAKE_P.52

H
HOW TO MAKE_P.54

I
HOW TO MAKE_P.56

J
HOW TO MAKE_P.69

K
HOW TO MAKE_P.58

L
HOW TO MAKE_P.60

M
HOW TO MAKE_P.62

N
HOW TO MAKE_P.64

o
HOW TO MAKE_P.66

P
HOW TO MAKE_P.68

Q
HOW TO MAKE_P.70

R
HOW TO MAKE_P.72

S
HOW TO MAKE_P.74

T
HOW TO MAKE_P.75

U
HOW TO MAKE_P.76

v
HOW TO MAKE_P.78

BEFORE BEGINNING

サイズについて
この本のエプロンの多くは、ひもによるサイズの調節が可能なので、フリーサイズです。
また、ゆとりをたっぷりとってあるスモックエプロンもフリーサイズです。
ひもによる調節のしづらいエプロンワンピースとエプロンパンツ、スカートは、MとLの2サイズ展開をしています。
ヌード寸法表と作り方ページの出来上り寸法を参考にして、パターンのサイズを選んでください。
モデル着用サイズは、すべてフリーサイズ、またはMサイズです。

実物大パターンの使い方
付録の実物大パターンには縫い代が含まれていないので、縫い代つきのパターンを作ります。
ハトロン紙に線を写しとり、合い印、布目線、あき止り、パーツ名なども書き写します。裁合せ図に指定してある縫い代つけて線を引き、ハトロン紙を縫い代線にそってカットします。

布地の裁ち方
裁合せ図はMサイズで見積もっています。裁合せ図を参照して、布地の上に縫い代つきパターンを配置します。作りたいサイズや、使用する布幅や柄によって配置や布地の使用量が変わる場合があります。あらかじめ、すべてのパターンを置いてから裁断しましょう。作品と異なる布幅の布地を使う場合、裁合せ図のとおりにパターンを配置して無駄が出てしまう場合があります。エプロンであれば、布目を厳密に考える必要はないので、縦地のものを横地に配置するなど工夫して合理的に裁断しましょう。ただし、ひもは伸びにくい性質のある縦地でとることをおすすめします。

ひもについて
首ひも、腰ひもの長さは、体型や、結ぶ位置の好みなどによって調整してください。長めに縫って仮どめをし、試着してから仕上げるとよいでしょう。また、共布のひもを綾テープなどに変更することで作業がだいぶ楽になり、布の用尺も減ります。好みでアレンジしてください。

●ヌード寸法表（単位cm）

	M	L
バスト	82	88
ウエスト	65	71
ヒップ	92	98
身長	158～168	

製図の使い方
この本に掲載のエプロンのうち、曲線の少ない単純なシルエットの身頃や、ひもやバイアステープ、ポケットなど直線のみのパーツには、実物大パターンがついていません。
作り方ページの製図をもとに、ハトロン紙に製図をします。ひもつけ位置、ポケットつけ位置などもしるします。
製図には縫い代が含まれていないので、縫い代つきのパターンを作ります。
直線のみのパーツは、直接布地の寸法をはかり、線を引いて裁つのが簡単です。このときも、縫い代をつけるのを忘れずに。

印つけ
裁断したら、パターンを布地にとめたままチョークペーパーをはさんでルレットで印をつけます。出来上り線、ギャザー止り、合い印など、パターンにある情報をすべて写します。

ポケットについて
機能性を考え、多くの作品にポケットをつけました。パッチポケットは、工程の最後に、試着してから使いやすい位置につけることをおすすめします。

→ P.6

A

大きなポケットの、家事に最適なエプロン。厚手のぱりっとしたストライプ生地が、ワークの雰囲気を醸し出します。かぶりタイプのエプロンは、肩が凝りにくいのだそうです。

[材料]
表布　綿ストライプ…125cm幅 180cm
綾テープ（タブ）…幅10mmを8cm

[パターン]（A面）
前身頃、後ろ身頃、ポケット

[サイズ]
M ／バスト112cm、着丈92cm（肩から）
L ／バスト118cm、着丈95cm（肩から）

[縫い方]
1. 脇を縫う。
2. 裾を三つ折りにして縫う。
3. ポケットをつける。
4. 肩を縫う。
5. 前中心にタブを仮どめし、後ろ端、袖ぐり、衿ぐりをバイアステープで始末する。

裁合せ図

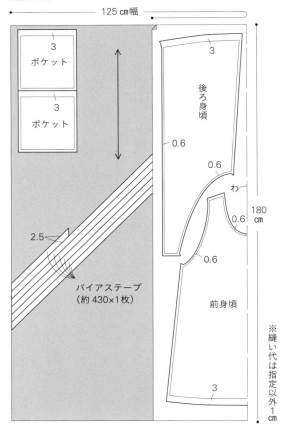

バイアステープのはぎ方

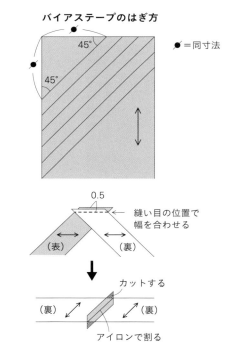

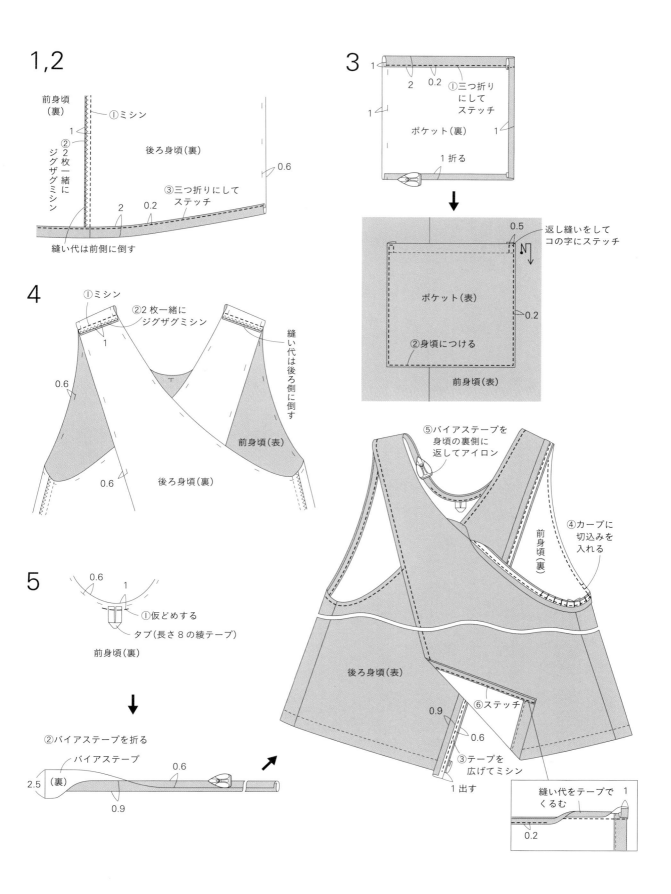

→ P.8 B

カシュクールもエプロンぽいアイテムの一つ。さわやかなブルーのチェックで、フレンチスリーブワンピースを作りました。長袖のインナーに重ねても。

[材料]
表布　綿チェック…110cm幅360cm
接着芯（前後ベルト、前後衿ぐり見返し、前後袖ぐり見返し、スカート前端見返し）…90cm幅90cm
接着テープ（前ポケット口）…幅15mmを40cm

[パターン]（A面）
前身頃・前衿ぐり見返し・前袖ぐり見返し、後ろ身頃・後ろ衿ぐり見返し・後ろ袖ぐり見返し、前スカート・スカート前端見返し、後ろスカート、前ベルト、後ろベルト、袋布

[サイズ]
M／バスト97.5cm、着丈109.5cm　L／バスト103.5cm、着丈112.5cm

[縫い方]
1. ひもを作る（P.66-4参照）。
2. 肩を縫う。
3. 身頃の脇を縫う。
4. 見返しの肩と脇を縫う。身頃と見返しを中表に合わせ、衿ぐり、袖ぐりを縫い返す。
5. 見返しの奥をステッチでとめる。
6. ポケット口を残して、スカートの脇を縫う（P.65-3参照）。
7. 袋布を縫い、脇にジグザグミシンをかける（P.65-4参照）。
8. スカートと見返しを中表に合わせ、前端を縫い返す。
9. 裾を三つ折りにして縫い、見返しの奥をステッチでとめる。ウエストにギャザーを寄せる。
10. 表、裏ベルトの右脇にひも通し口を残して脇を縫う。
11. 表、裏ベルトに身頃をはさんで縫う。表ベルトとスカートを縫い合わせる。
12. ベルトにひもをはさんで縫い返し、ベルトを仕上げる。

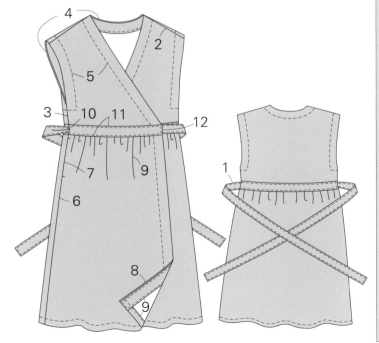

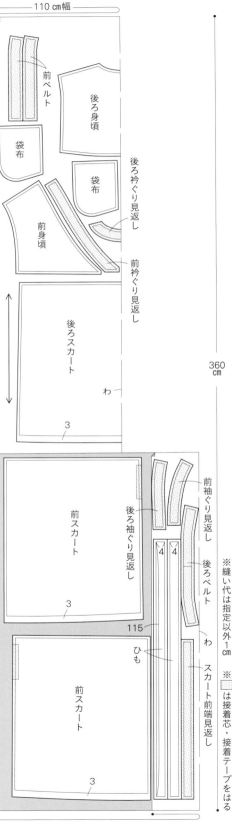

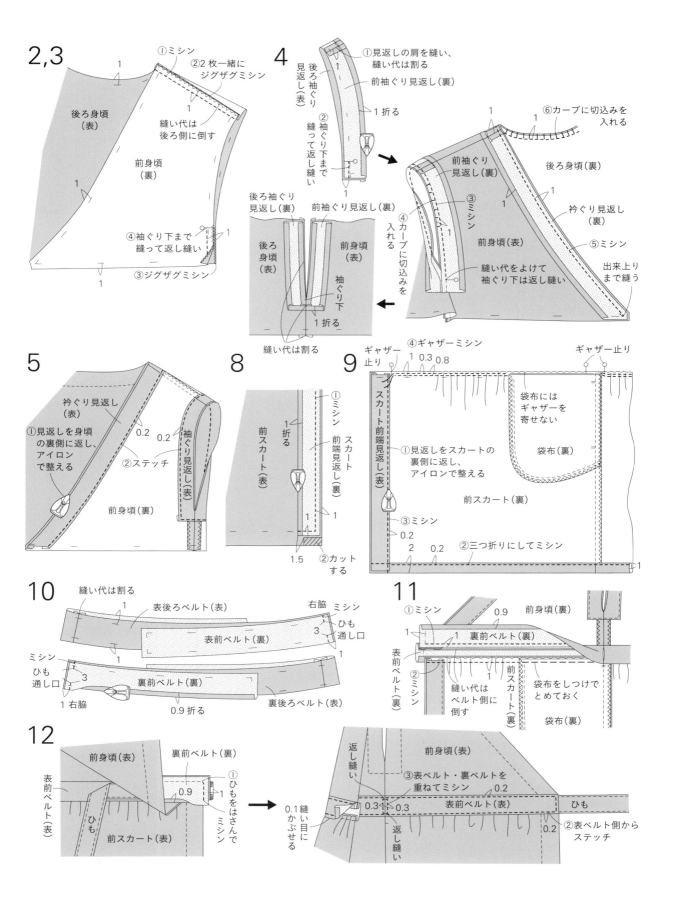

→ P.10 C

衿ぐりに切込みを入れただけの、シンプルなデザインのエプロン。生地をたっぷりと使っているので、洗った手もさっとふけます。ひもは、前で結んでも。

[材料]
表布　麻ギンガムチェック…150cm幅210cm
綾テープ（ひも）…幅20mmを120cm

[パターン]（B面）
衿ぐり見返し
※前・後ろ身頃のパターンはありません。P.37「製図の使い方」参照。

[サイズ]
フリーサイズ／着丈97cm（肩から）

[縫い方]
1. 身頃と衿ぐり見返しを中表に合わせて縫い返す。
2. 裾を三つ折りにして縫う。
3. 前脇の縫い代にひもを差し込み、脇を三つ折りにして縫う。
4. ひもをつけ、ひもの端を三つ折りにして縫う。

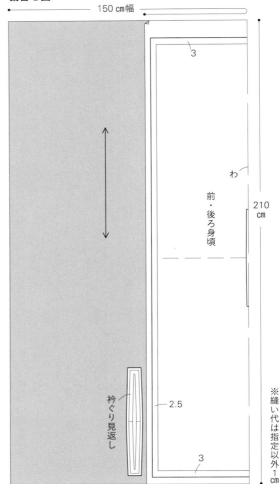

裁合せ図

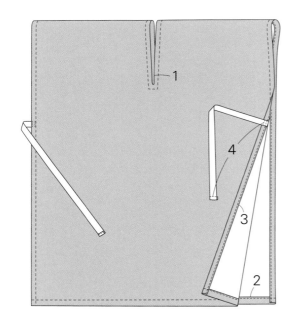

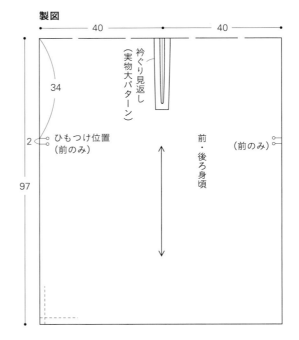

製図

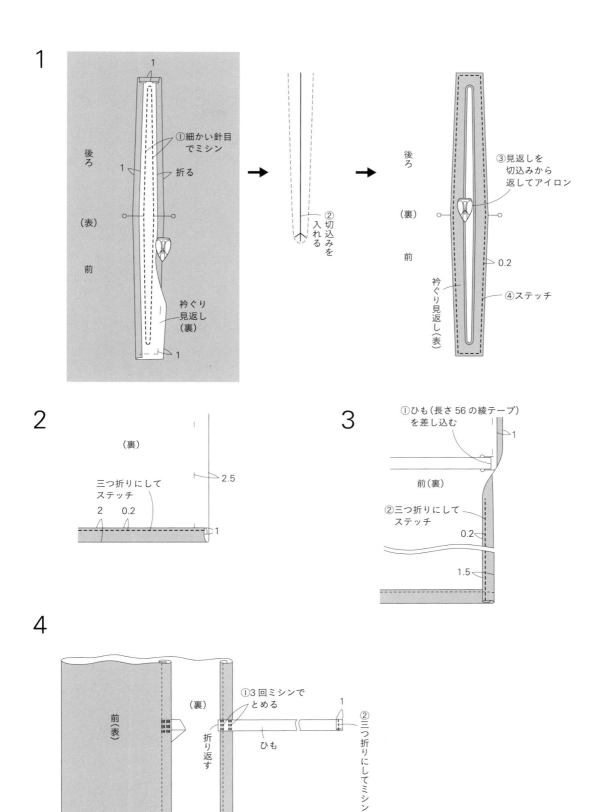

→ P.12 D

ラベンダーのストライプのリネン生地で、ほんのり甘いエプロンをデザインしました。気分は、街角のアイスクリーム屋さん！

[材料]
表布　麻ストライプ…150cm幅 150cm

[パターン]（A面）
前身頃・後ろ身頃

[サイズ]
フリーサイズ／着丈82cm

[縫い方]
1. 脇ひもを作る。
2. 後ろのスラッシュあきをバイアステープでくるむ。
3. 肩を縫う。
4. 衿ぐりをバイアステープでくるみ、続けてひもを縫う。
5. 袖ぐりをバイアステープでくるみ、脇ひもを仮どめする。
6. 脇裾をバイアステープでくるむ。

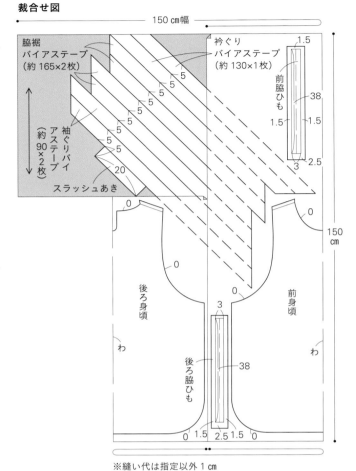

裁合せ図

※縫い代は指定以外1cm

1 ①脇ひもを作る

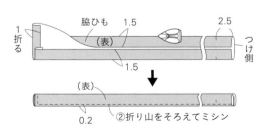

②折り山をそろえてミシン

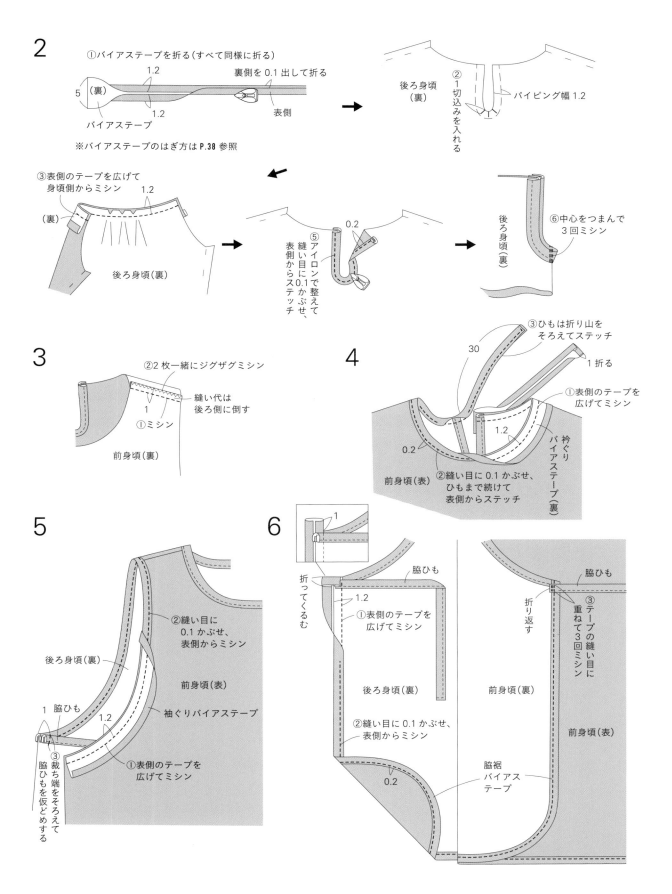

→ P.13 E

コットンのストライプで作ったストレートのワークパンツ。4つのポケット、ゴムはすっきり後ろベルトだけ、裾は丈夫な見返し仕立て、働きやすい仕様にこだわりました。

[材料]
表布　綿ストライプ…110cm幅250cm
接着芯（前ベルト、右前ベルト、左前ベルト）…90cm幅40cm
ゴムテープ（ウエスト）…幅30mmをM40cm／L44cm
ボタン…直径21mmを2個

[パターン]（B面）
前パンツ、後ろパンツ、前裾見返し、後ろ裾見返し、
前ベルト、右前ベルト、左前ベルト、後ろベルト、
後ろポケット、脇布・袋布

[サイズ]
M／ウエスト73.5cm、ヒップ98.5cm、パンツ丈96cm
L／ウエスト79.5cm、ヒップ104.5cm、パンツ丈99cm

[縫い方]
1. ひもを作る。
2. 後ろポケットを縫い、後ろパンツにつける。
3. 脇布と袋布を縫い合わせる。
4. 脇ポケットをパンツに縫いつける。
5. 脇を縫う。
6. 股下を縫う。
7. 前後裾見返しを縫い合わせる。パンツと中表に合わせて裾を縫い返し、見返しの奥をステッチでとめる。
8. 股ぐりを縫う。
9. ひもをはさんでベルトを作る。
10. ベルトをつける。
11. ベルト通しをつける。
12. 後ろベルトにゴムテープを通して両脇にとめる。
13. ボタンホールを作り、ボタンをつける。

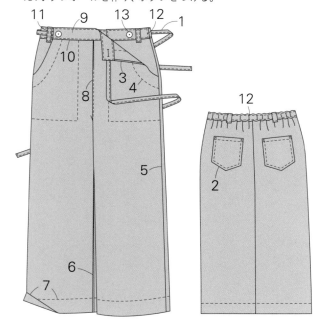

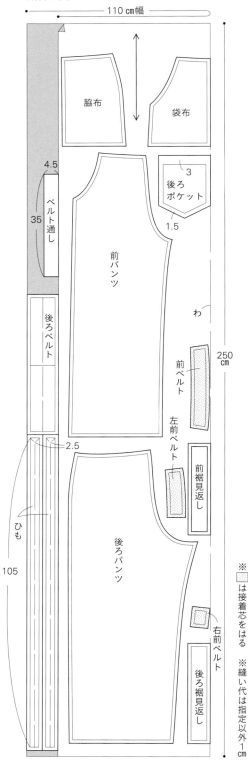

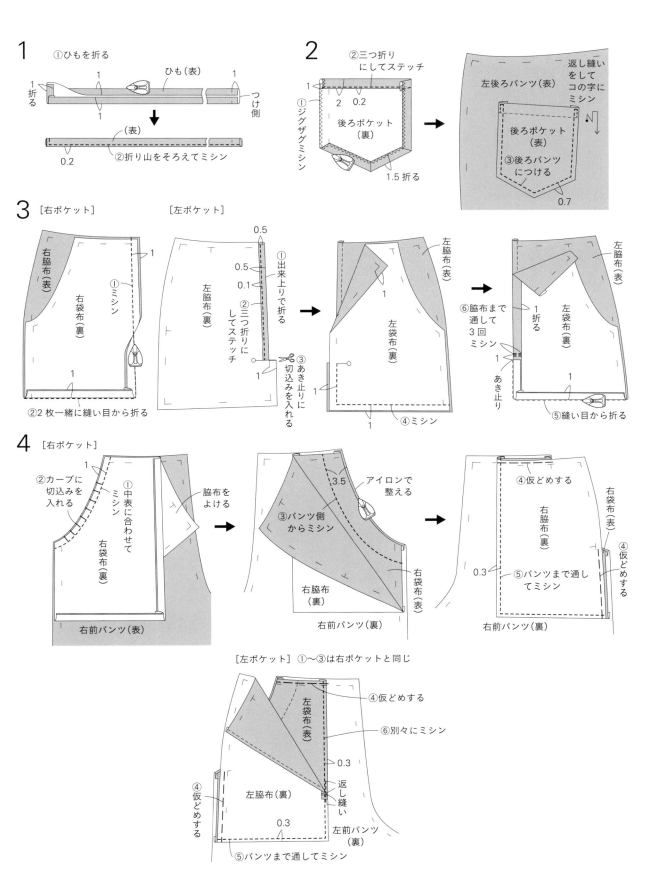

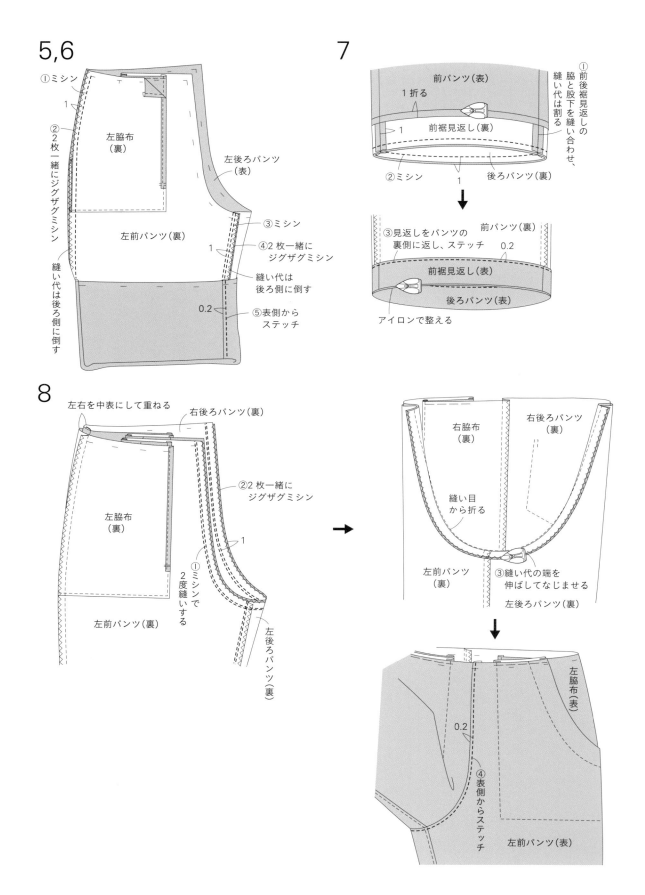

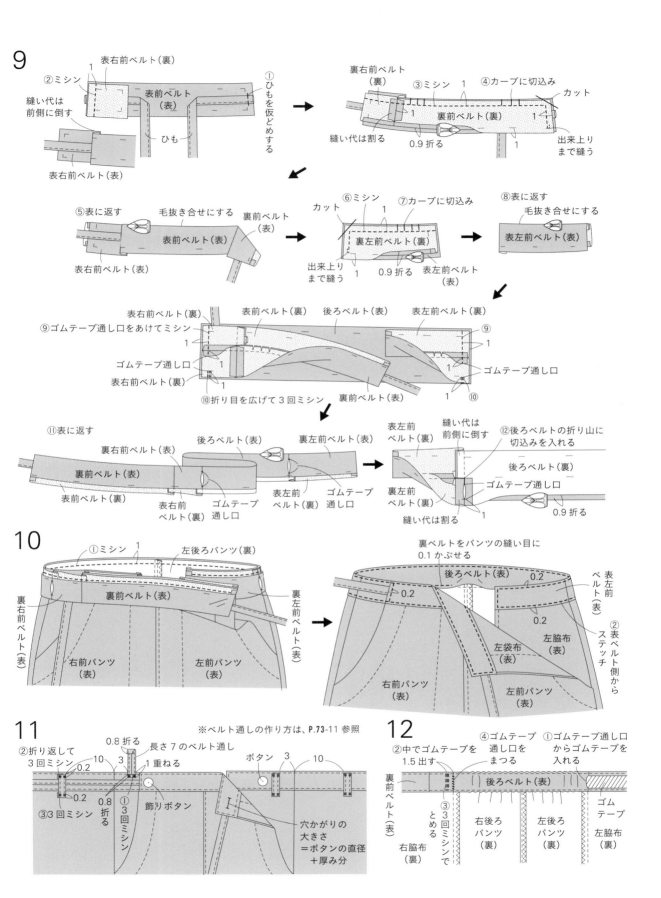

→ P.14

F

真っ白なリネンが潔い、ユニセックスのエプロン。様々なサイズに対応する仕様です。レストランのユニフォームを身につけた気分で、料理の作業もはかどりそうです。

[材料]
表布　麻無地…150cm幅120cm

[パターン](A面)
ポケット
※身頃、上端見返し、首ひも、腰ひも、タブのパターンはありません。P.37「製図の使い方」参照。

[サイズ]
フリーサイズ／着丈105cm（上端から）

[縫い方]
1. 首ひも、腰ひも、タブを作る。
2. ポケットを縫い、身頃につける。
3. 裾を三つ折りにして縫う。
4. 上端に首ひもとタブを仮どめし、見返しと合わせて縫い返す。
5. 脇と脇のくりを三つ折りにし、見返し奥と周囲を縫う。
6. 脇に腰ひもをつける。

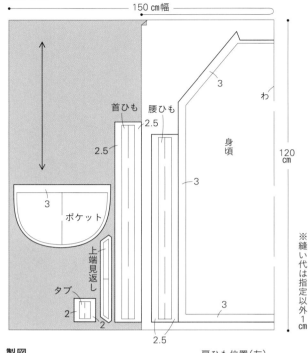

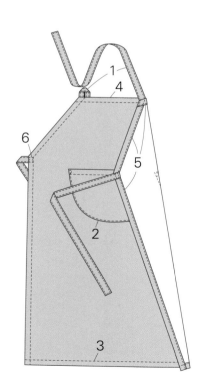

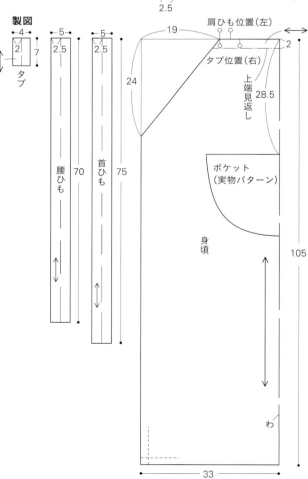

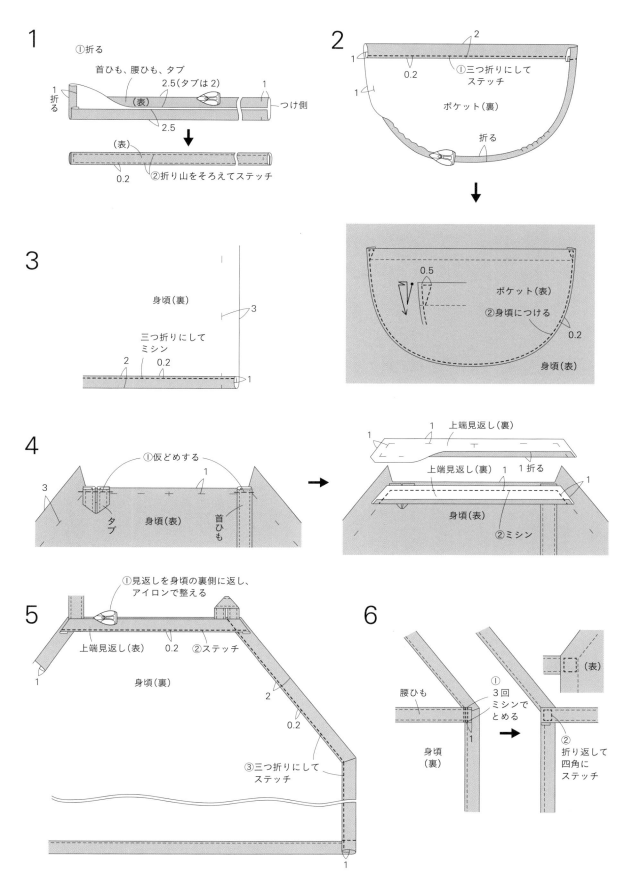

→ P.16 # G

パイピングを効かせたエプロンワンピース。パイピングにはコットンのバイアステープを使ってカジュアルに仕上げました。オリジナルの配色で作ってみても。

[材料]
表布　綿無地…110cm幅 M220cm／L240cm
両折れバイアステープ…幅20mmを370cm
綾テープ（後ろリボン）…幅10mmを90cm
ボタン…直径12mmを1個

[パターン]（A面）
前身頃、後ろ身頃、前スカート、後ろスカート、ポケット

[サイズ]
M／バスト97.5cm、着丈98.5cm
L／バスト103.5cm、着丈101.5cm

[縫い方]
1. 布ループを作る（P.61-1参照）。
2. スカートの脇を縫う。
3. 裾を三つ折りにして縫う。
4. 前衿ぐりにギャザーを寄せる。
5. 肩を縫う。
6. 後ろ中心、袖ぐりをバイアステープでくるむ。途中でウエスト部分のテープどうしを縫い合わせる。
7. ループをはさみ、衿ぐりをバイアステープでくるむ。
8. ポケットの周囲をバイアステープでくるみ、スカートにつける。
9. スカートにギャザーを寄せて、身頃と縫い合わせる。
10. 後ろ衿ぐりにリボンをつける。
11. ボタンをつける。

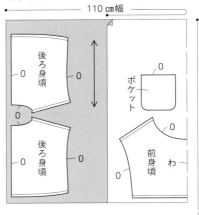

裁合せ図
Lサイズ

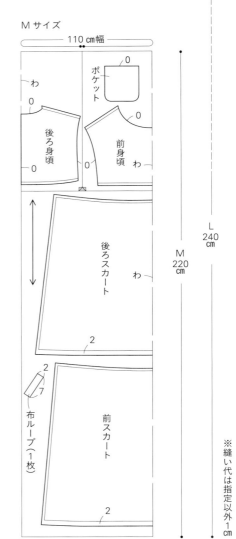

Mサイズ

※縫い代は指定以外1cm

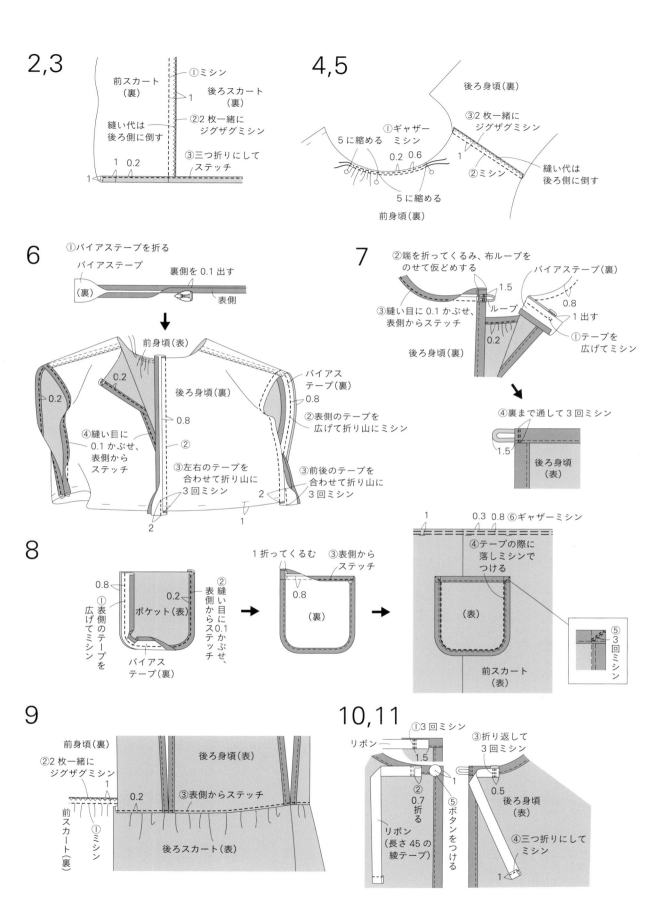

→ P.18 H

バックが重なる上品なエプロンワンピースを、黒のリネンツイルで作りました。ひもは、前で結べば凛とした印象に、後ろで結べば女性らしくなります。

[材料]
表布　麻ツイル無地…150cm幅220cm
接着芯(前見返し、後ろ見返し)…90cm幅60cm

[パターン](A面)
前身頃・前見返し、後ろ身頃・後ろ見返し、ポケット

[サイズ]
M／バスト92.5cm、着丈110cm
L／バスト98.5cm、着丈113cm

[縫い方]
1. ひもを作る。
2. ポケットを縫い、左後ろ身頃につける。
3. 左脇にひも通し穴を残し、脇を縫う。
4. 前見返しの中心と脇を縫う。
5. 後ろ端にひもを仮どめする。身頃と見返しを中表に合わせ、肩を残して衿ぐり、袖ぐりを縫う。
6. 身頃の肩、見返しの肩を縫う。衿ぐり、袖ぐりの残りを縫い、表に返して整える。
7. 見返しの奥をステッチでとめる。
8. 裾を三つ折りにして縫う。
9. 後ろ端を三つ折りにして縫う。
10. ひも通し口にステッチをかける。

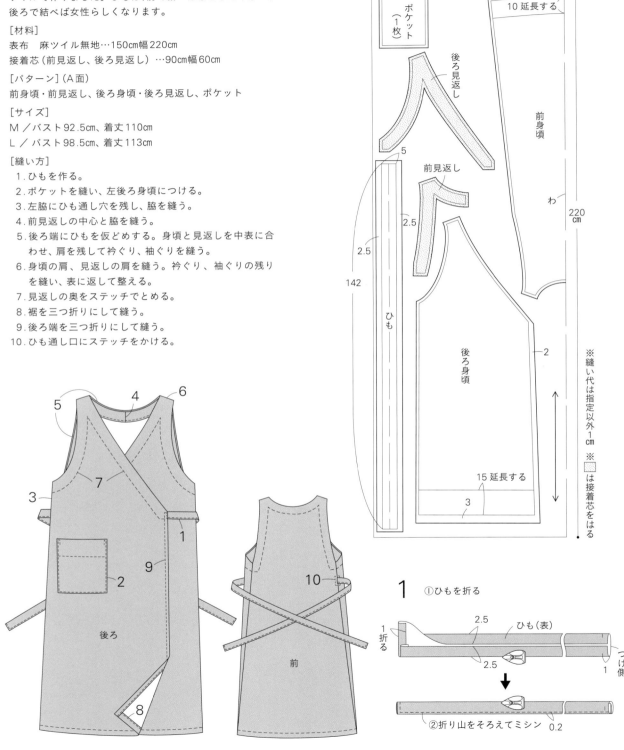

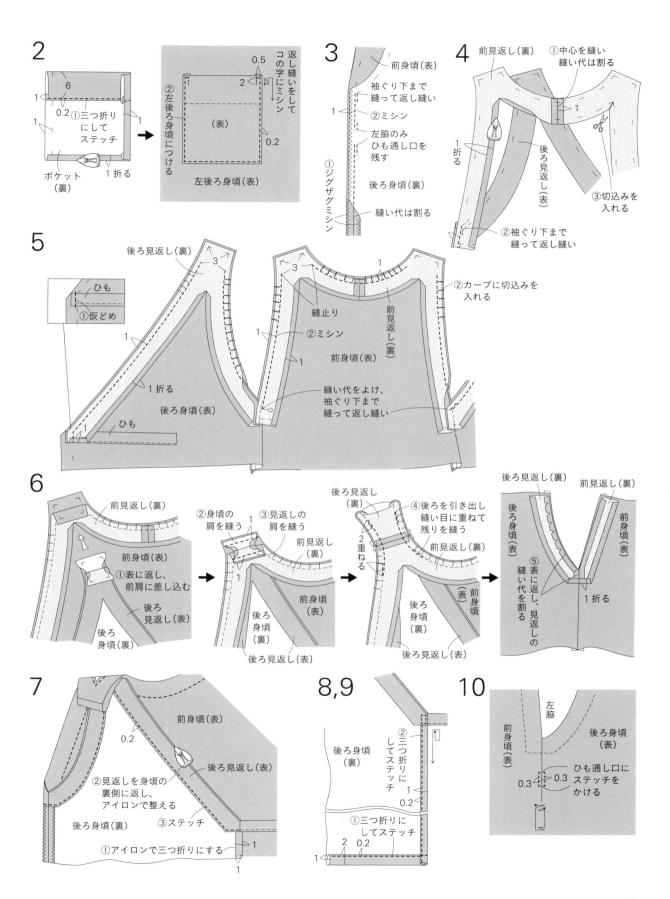

→ P.20 I

フロントとサイドにギャザーを入れたら、女性らしいエプロンができました。しわ感のあるコットンで、軽やかな仕上りに。首ひもは、あえて長めにしました。

[材料]
表布　綿ワッシャー無地…100cm幅170cm

[パターン]（B面）
身頃

[サイズ]
フリーサイズ／着丈83cm（上端から）

[縫い方]
1. 裾を三つ折りにして縫う。
2. 脇を三つ折りにして縫う。
3. 上端、腰にギャザーを寄せる。
4. 上端をバイアステープでくるむ。
5. 脇のくりをバイアステープでくるみ、続けて首ひもと腰ひもを縫う。

裁合せ図

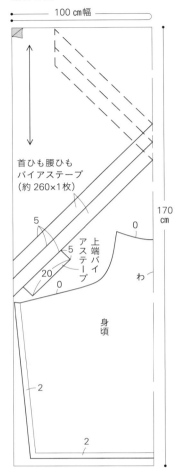

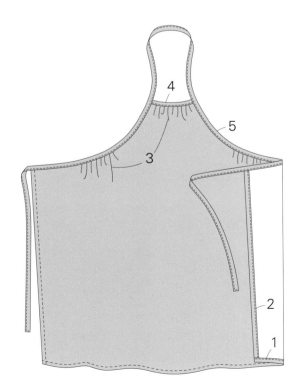

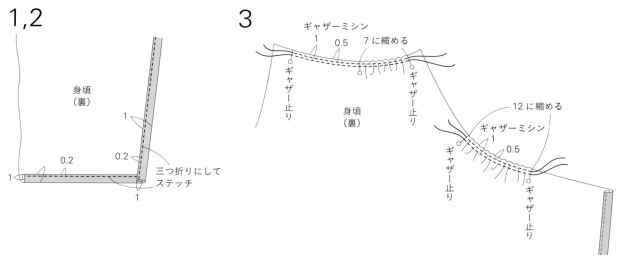
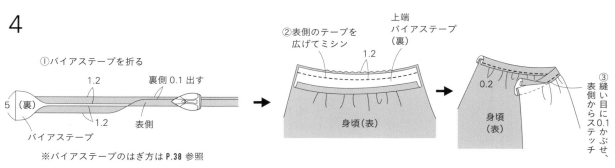
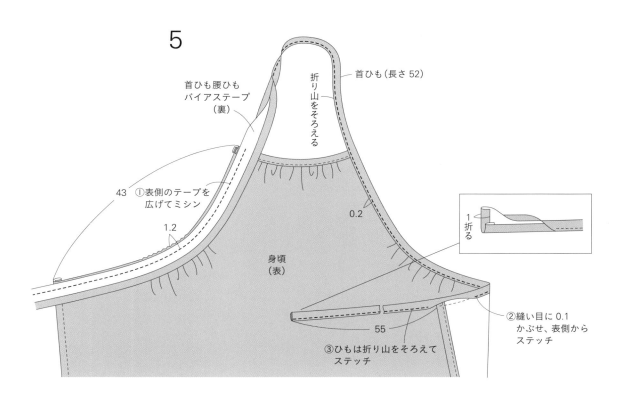

→ P.22

K

リバティプリントの花柄で作った、スモック風ブラウスです。身頃と袖がつながった、ゆったりとしたパターンなので、作りやすく、着心地もとてもいいです。

[材料]
表布　綿ローンプリント…110cm幅200cm
接着芯（後ろ見返し）…90cm幅20cm
　　　　　　　（9×20cmを横地でとり、はり足す）
ボタン…直径13mmを6個

[パターン]（B面）
前身頃、後ろ身頃

[サイズ]
フリーサイズ／着丈68.5cm

[縫い方]
1. 後ろ見返しを三つ折りにする。
2. 肩を縫い、衿ぐり、袖口にギャザーを寄せる。
3. 袖下、脇を縫う。
4. 後ろ見返しの下を縫い返し、裾を三つ折りにして縫う。
5. 衿ぐりをバイアステープでくるむ。
6. 袖口をバイアステープでくるむ。
7. ボタンホールを作り、ボタンをつける。

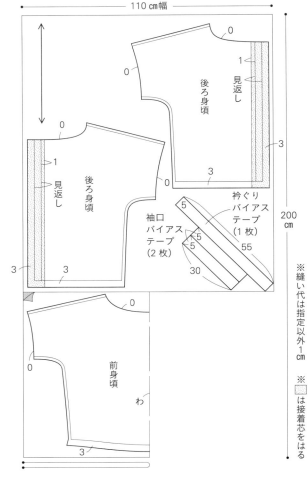

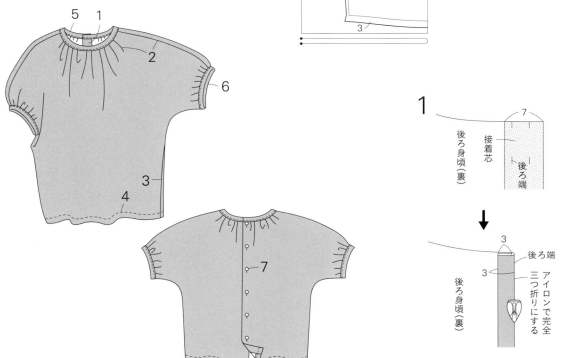

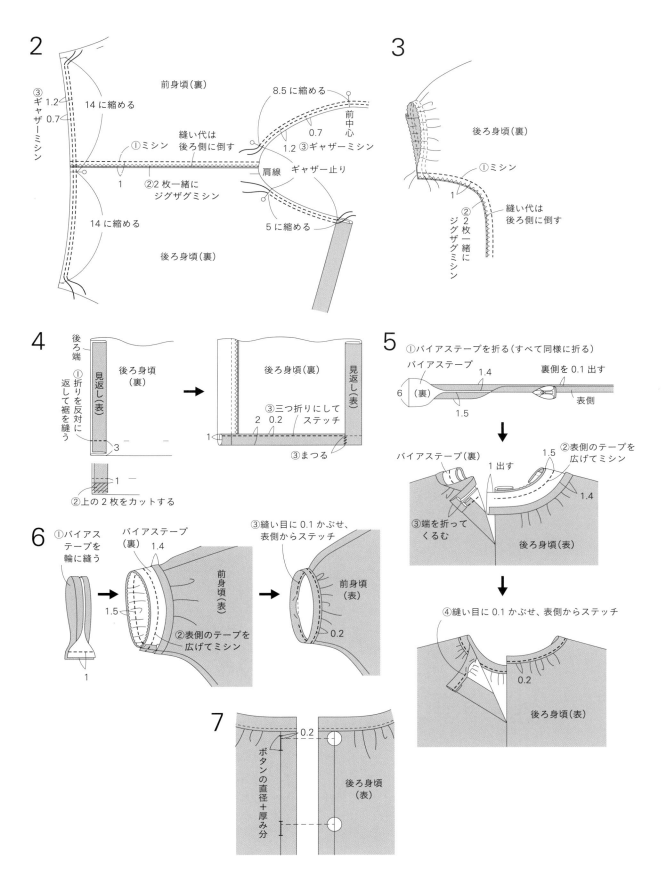

→ P.23 **L**

ほんのり透け感のあるリネンガーゼで作りました。さらりと風を通す、気持ちのいい素材です。サマードレスとして、特別な部屋着にも。

[材料]
表布　麻無地…112cm幅230cm
ボタン…直径13mmを1個

[パターン]（B面）
前身頃、後ろ身頃、前ヨーク、後ろヨーク

[サイズ]
M／バスト92cm（ギャザー寄せ後）、着丈106.5cm
L／バスト98cm（ギャザー寄せ後）、着丈109.5cm

[縫い方]
1. 布ループを作り、表ヨークに仮どめする。
2. 表ヨーク、裏ヨークの肩をそれぞれ縫う。
3. ヨークを中表に合わせて、後ろ中心、衿ぐり、袖ぐりを縫い返す。
4. 表ヨークどうし、裏ヨークどうしで後ろ中心の残りを縫う。
5. 脇を縫う。
6. 裾を三つ折りにして縫う。
7. 袖ぐり下をバイアステープで始末する。
8. 身頃にギャザーを寄せて表ヨークと縫い合わせる。
9. 裏ヨークをかぶせて落しミシンでとめる。
10. ボタンをつける。

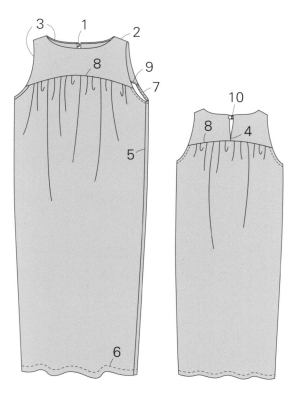

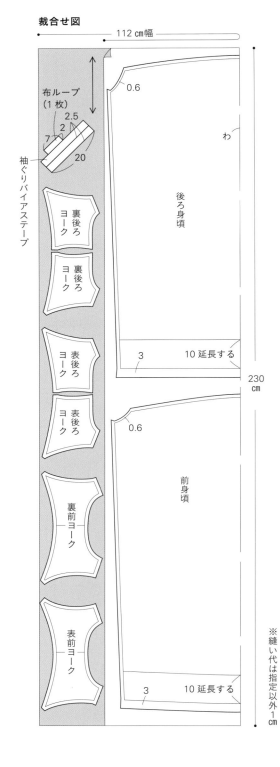

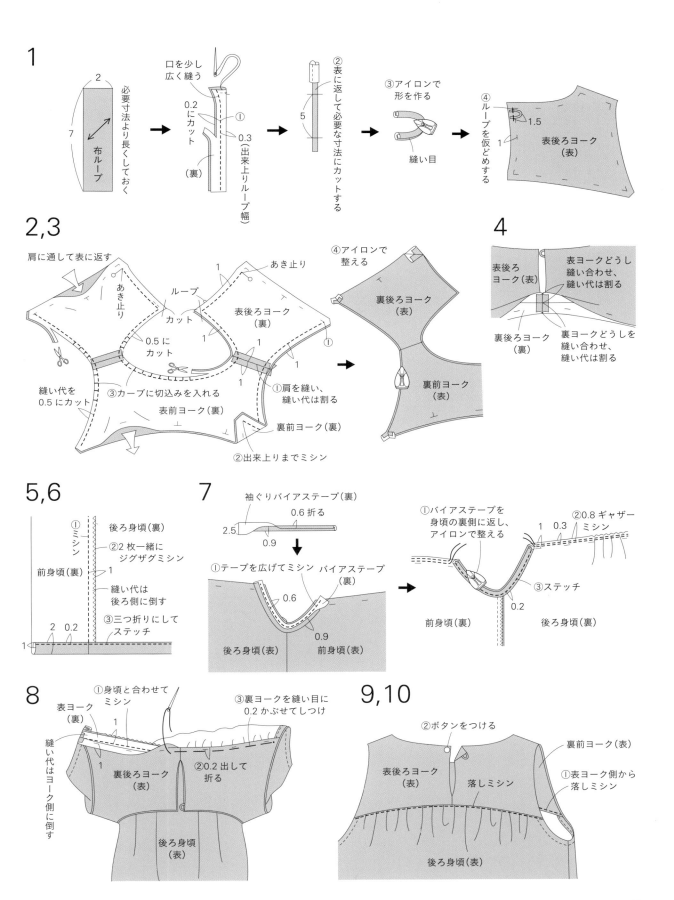

→ P.24 M

直線裁ちのみのパーツで作ったワンピース。四角いパターンにひもをつけただけですが、いろんな着方が楽しめる特別な一枚になりました。

[材料]
表布　8オンスデニム無地…114cm幅190cm

[パターン]
※パターンはありません。P.37「製図の使い方」参照。

[サイズ]
フリーサイズ／着丈85cm（上端から）

[縫い方]
1. 肩ひも、脇ひもを作る。
2. ポケットを縫い、身頃につける。
3. 脇を縫う。
4. 裾を三つ折りにして縫う。
5. 上端を三つ折りにして縫う。
6. 肩ひもをつける。
7. 脇ひもをつける。

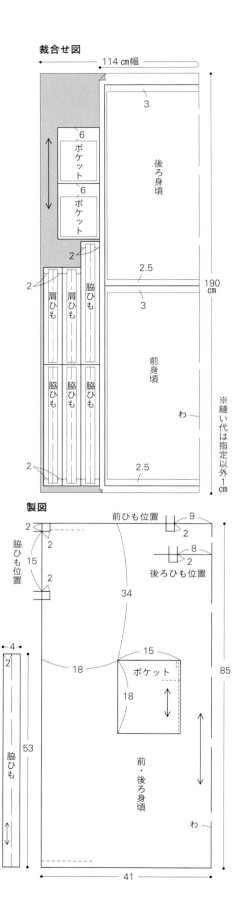

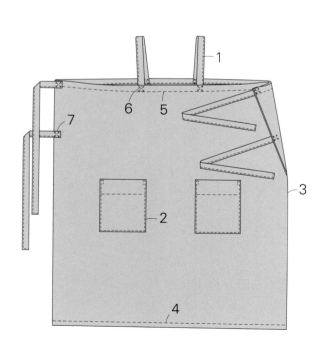

1
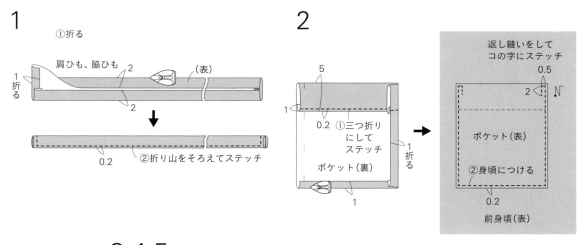

2

3,4,5
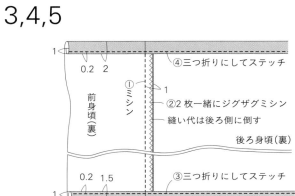

6,7
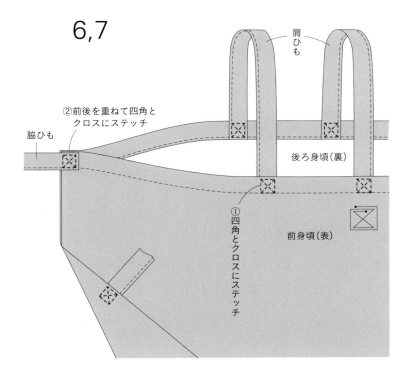

→ P.26

N

からし色が目を引く、上質なリネンで作ったスモックワンピース。一枚で着ても、パンツを重ねて着ても。おそろいの生地でヘアバンドも作りました。

[材料]
表布　麻無地…110cm幅310cm
接着芯（後ろ見返し）…90cm幅30cm（横地でとる）
　　　　　　　　　　（9×20cmを横地でとり、はり足す）
接着テープ（前ポケット口）…幅15mmを40cm
ボタン…直径13mmを9個

[パターン]（B面）
前身頃、後ろ身頃、袋布
※ヘアバンドとリボンのパターンはありません。P.37「製図の使い方」参照

[サイズ]
フリーサイズ／着丈107cm

[スモックワンピースの縫い方]
1. 後ろ見返しを三つ折りにする（P.58-1参照）。
2. 肩を縫い、衿ぐり、袖口にギャザーを寄せる（P.59-2参照）。
3. ポケット口を残して袖下、脇を縫う。
4. 袋布を縫い、脇にジグザグミシンをかける。
5. 後ろ見返しの下を縫い返し、裾を三つ折りにして縫う。
6. 衿ぐりをバイアステープでくるむ（P.59-5参照）。
7. 袖口をバイアステープでくるむ（P.59-6参照）。
8. ボタンホールを作り、ボタンをつける（P.59-7参照）。

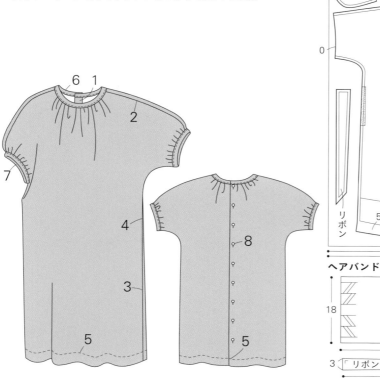

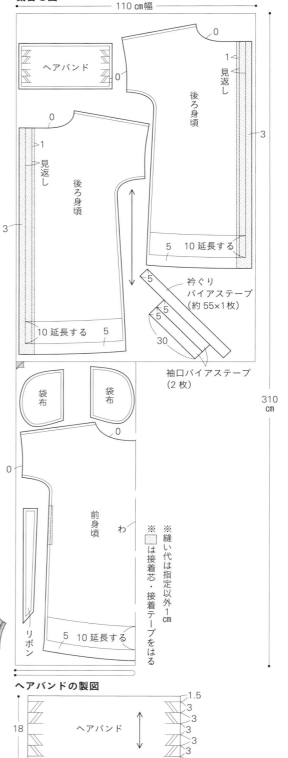

[ヘアバンドの縫い方]
1. ヘアバンドを中表に合わせて縫い返す。
2. 両端にタックをたたんでミシンで固定する。
3. リボンを中表に合わせて縫い返す。
4. ヘアバンドの両端をリボンの中に差し込んで細かくまつる。

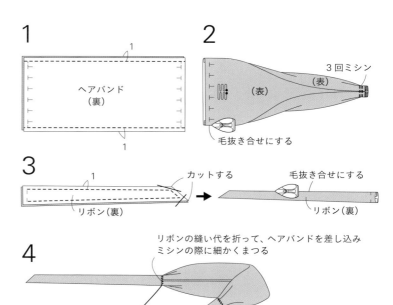

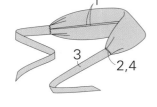

スモックワンピース

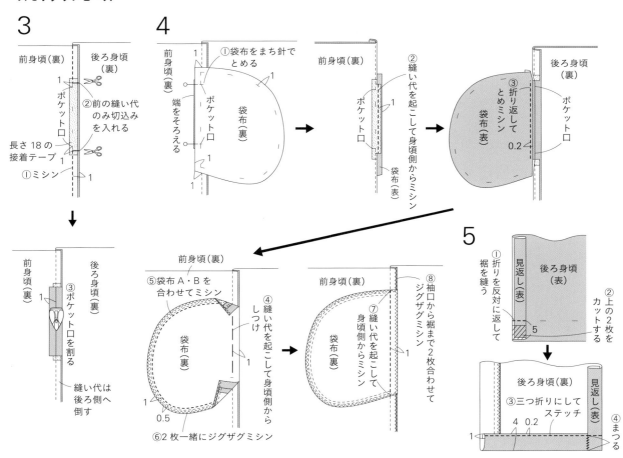

→ P.28 **o**

ハンドステッチのような刺繍がすてきなコットンで作りました。フロントタックと幅広リボンでクラシカルに仕上げました。お菓子を焼いて、お客さまを迎えるときに。

[材料]
表布　綿刺繍地…110cm幅100cm

[パターン]（A面）
土台、ベルト、リボン、ポケット

[サイズ]
フリーサイズ／着丈55cm

[縫い方]
1. ポケットを縫い、土台につける。
2. 裾を三つ折りにして縫う。
3. 脇を三つ折りして縫い、ウエストにタックをたたむ。
4. リボンを作る。
5. ベルトにリボンをはさんで縫い返す。
6. ウエストにベルトをつける。

裁合せ図

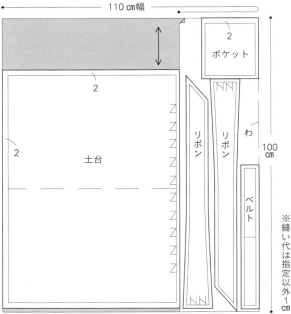

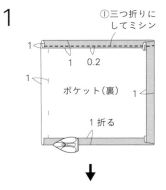

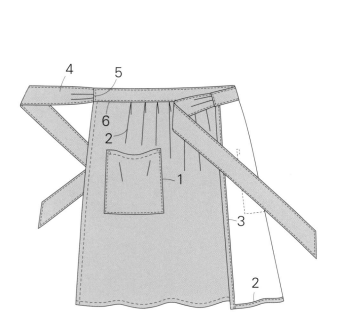

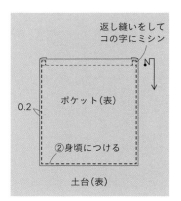

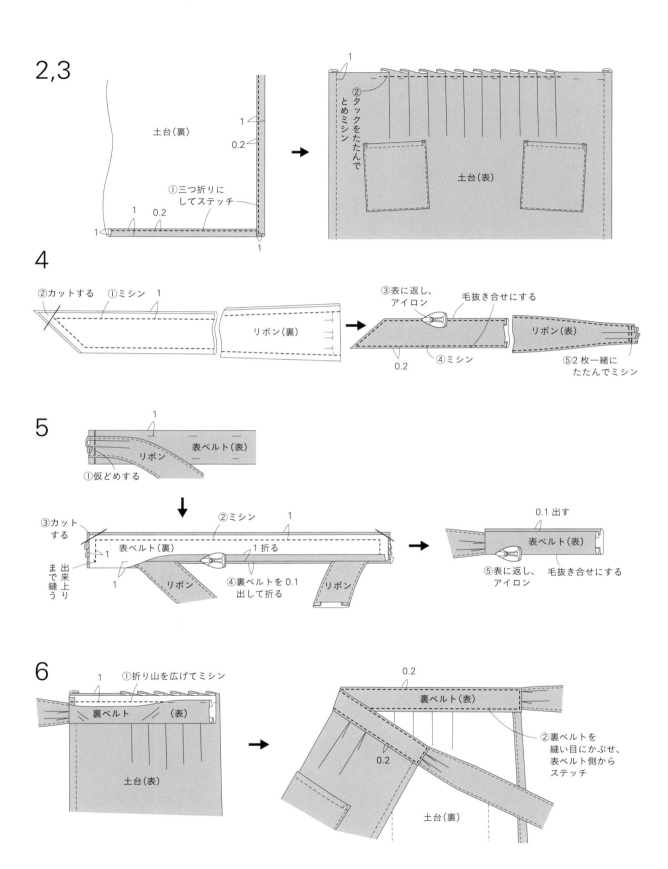

→ P.29

P

優しい色合いのギンガムチェックとサイドフリルで、ノスタルジックな雰囲気に。ベルトとリボンのパターンは、Oのエプロンと一緒です。

[材料]
表布　綿ギンガムチェック…110cm幅140cm

[パターン]（A面）
土台、ベルト、リボン

[サイズ]
フリーサイズ／着丈48cm

[縫い方]
1. フリルの端を三つ折りにして縫い、つけ側にギャザーを寄せる。
2. 土台にフリルをつけ、ウエストにギャザーを寄せる。
3. リボンを作る（P.67-4参照）。
4. ベルトにリボンをはさんで縫い返す（P.67-5参照）。
5. ウエストにベルトをつける。

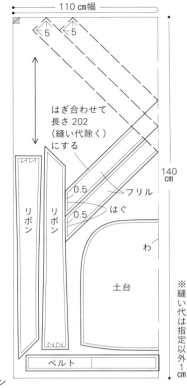

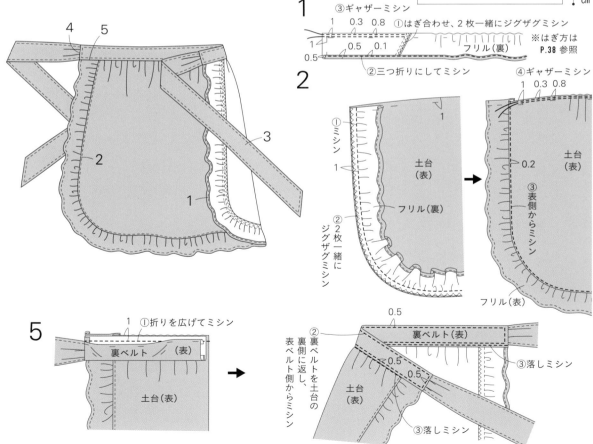

→ P.21

J

綿麻のストライプで作ったエプロンブラウス。共布をバイアス裁ちにしたパイピングがポイント。後ろのリボンには、ネイビーのヘリンボーンテープを使用しました。

[材料]
表布　綿麻ストライプ…110cm幅190cm
綾テープ（後ろリボン）…幅10mmを90cm
ボタン…直径12mmを1個

[パターン]（A面）
前身頃、後ろ身頃、前スカート、後ろスカート、ポケット

[サイズ]
M／バスト97.5cm、着丈70cm
L／バスト103.5cm、着丈72.5cm

[縫い方] 2〜11は、P.52参照
1. 布ループを作る（P.61-1参照）。
2. 脇を縫う。
3. 裾を三つ折りにして縫う。
4. 前衿ぐりにギャザーを寄せる。
5. 肩を縫う。
6. 後ろ中心、袖ぐりをバイアステープでくるむ。途中でウエスト部分のテープどうしを縫い合わせる。
7. ループをはさみ、衿ぐりをバイアステープでくるむ。
8. ポケットの周囲をバイアステープでくるみ、スカートにつける。
9. スカートにギャザーを寄せて、身頃と縫い合わせる。
10. 後ろ衿ぐりにリボンをつける。
11. ボタンをつける。

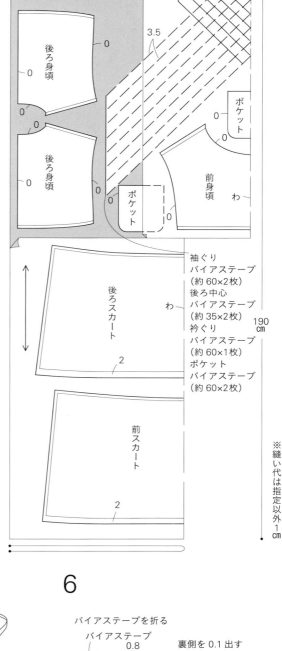

→ P.30

Q

帆布で作ったメンズライクなエプロンです。日曜大工や、自転車の修理などのときにつけるイメージです。ポケットには工具をしのばせて。

[材料]
表布　11号帆布無地…92cm幅100cm
綾テープ（肩ひも、腰ひも）…幅25mmを300cm

[パターン]（A面）
身頃・見返し、ポケット

[サイズ]
フリーサイズ／着丈56cm（上端から）

[縫い方]
1. ポケットを縫い、身頃につける。
2. 裾を三つ折りにして縫う。
3. 上端、脇の縫い代を出来上りに折り、見返しと重ねて脇のくりを縫い返す。
4. 上端、見返しの奥、脇を整えて縫う。
5. 首ひも、腰ひもをつけ、ひもの端を三つ折りにして縫う。

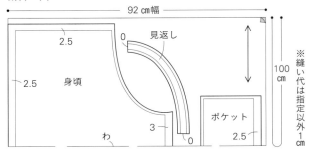

裁合せ図

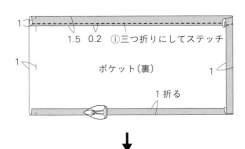

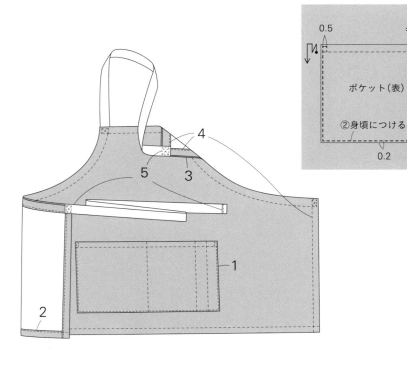

2

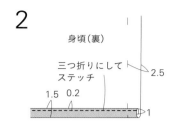

3

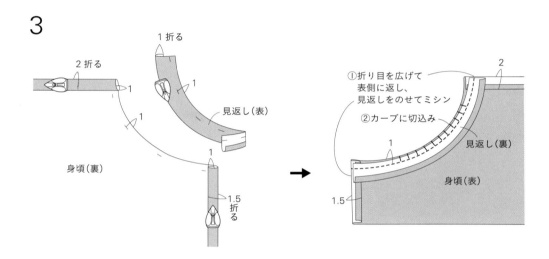

4

5

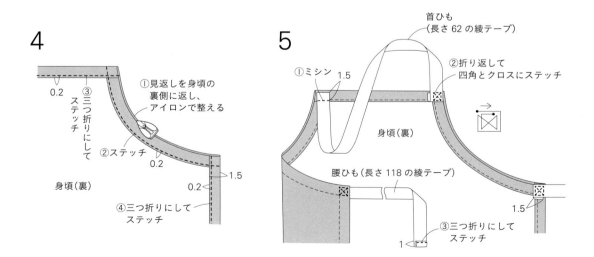

→ P.31

R

ガーデニングをイメージしたワークベスト。厚手のコットン生地でしっかりと作りました。一枚あるとコーディネートの幅が広がる、ユニークなエプロンベストです。

[材料]
表布　綿チノピーチ無地…140cm幅180cm
接着芯（前見返し、後ろ見返し）…90cm幅60cm
ボタン…直径18mmを2個

[パターン]（B面）
前身頃・前見返し、後ろ身頃・後ろ見返し、ポケット

[サイズ]
M／バスト99cm、着丈63cm
L／バスト105cm、着丈65cm

[縫い方]
1. ポケット口を三つ折りにして縫う。
2. 前身頃の裏とポケットの表を合わせて裾を縫い返す。
3. ポケットの両脇を前身頃に仮どめし、中央を縫いとめる。
4. 脇を縫う。
5. 後ろ裾を三つ折りにし、前裾まで続けて縫う。
6. 見返しの前後の中心と脇を縫う。
7. 身頃と見返しを中表に合わせ、右肩を残して、衿ぐり、袖ぐりを縫う。
8. 身頃の右肩、見返しの右肩を縫う。衿ぐり、袖ぐりの残りを縫い、表に返して整える（P.55-6参照）。
9. 見返しの奥をステッチでとめる（P.55-7参照）。
10. ベルトを作る。
11. ベルト通しをつける。
12. ボタンホールを作り、ボタンをつける。

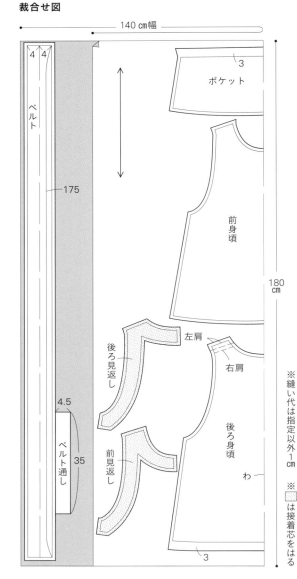

裁合せ図

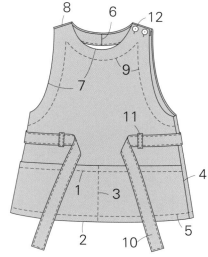

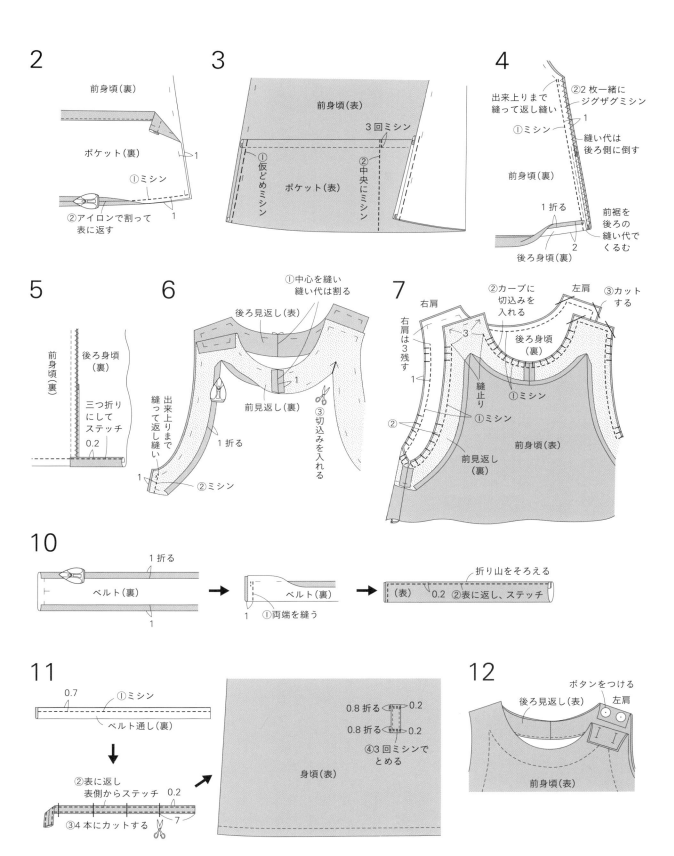

→ P.32 S

ガーデニングエプロンをイメージして作りました。たくさん使って、何度も洗って、麻の風合いがくったりしてきても、またすてきだと思います。

[材料]
表布　麻無地…148cm幅 40cm
綾テープ（ベルト、ひも）…幅25mmを220cm
両折れバイアステープ…幅20mmを170cm

[パターン]
※パターンはありません。P.37「製図の使い方」参照。

[サイズ]
フリーサイズ／丈31cm（上端から）

[縫い方]
1. ポケット（大）にポケット（小）をつける。
2. ポケット（大）の口をバイアステープでくるむ。
3. 土台とポケット（大）を重ねて縫う。
4. 裾をバイアステープでくるむ。
5. 脇をバイアステープでくるむ。
6. ウエストを三つ折りにし、表側にひもを当てて縫う。
7. ウエストにステッチをかけ、ひもの端を三つ折りにして縫う。

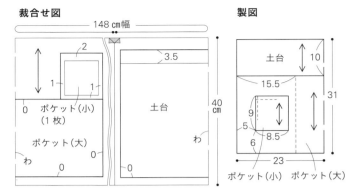

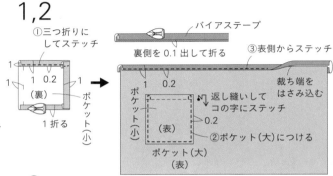

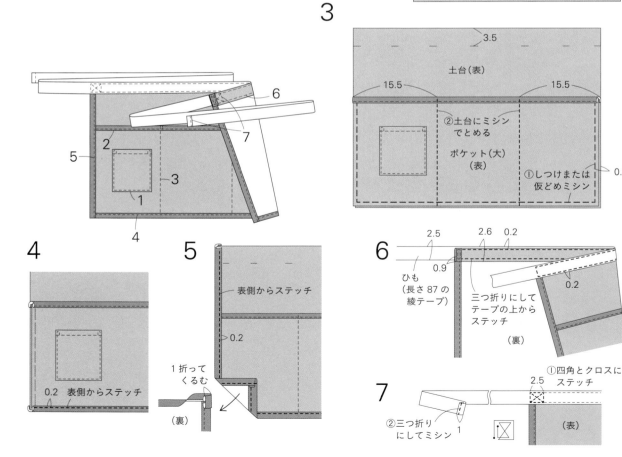

→ P.33 **T**

上部にひもを縫いつけるだけのシンプルなカフェエプロン。デッドストックのキッチンクロス風の生地を使用して作りました。

[材料]
表布　麻無地…43cm幅 40.5cm
綾テープ（ベルト、ひも）…幅25mmを220cm

[パターン]
※パターンはありません。P.37「製図の使い方」参照。

[サイズ]
フリーサイズ／丈34cm（上端から）

[縫い方]
1. 裾を縫う。
2. ウエストを三つ折りにし、表側にひもを当てて縫う。
3. ウエストにステッチをかけ、ひもの端を三つ折りにして縫う。

製図

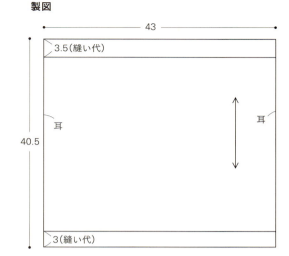

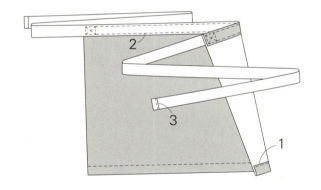

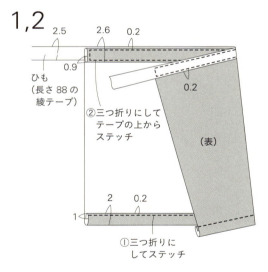

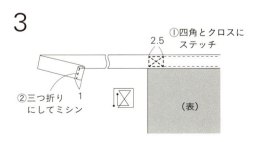

→ P.34 # U

全体に配色のヘリンボーンテープのパイピングを施したエプロン。チノクロスで作りましたが、デニム生地で作ってみてもよさそうです。

[材料]
表布　綿チノクロス無地…110cm幅 100cm
綾テープ（パイピング）…幅25mmを310cm
　　　　（肩ひも、ループ）…幅15mmを280cm

[パターン]
※パターンはありません。P.37「製図の使い方」参照。

[サイズ]
フリーサイズ／着丈83cm（上端から）

[縫い方]
1. ポケットを縫い、身頃につける。
2. 脇のくりを綾テープでくるむ。
3. 脇にループを仮どめし、裾まで続けて綾テープでくるむ。
4. 上端に肩ひもを仮どめし、綾テープでくるむ。
5. 肩ひもをつけ、ひもの端を三つ折りにして縫う。

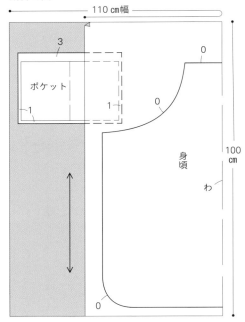

裁合せ図

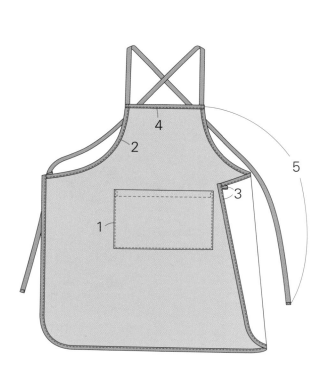

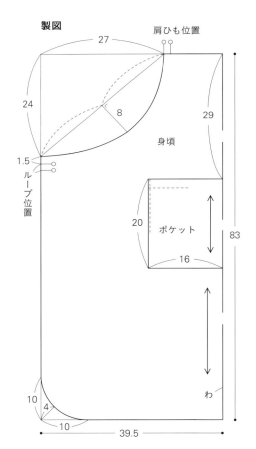

製図

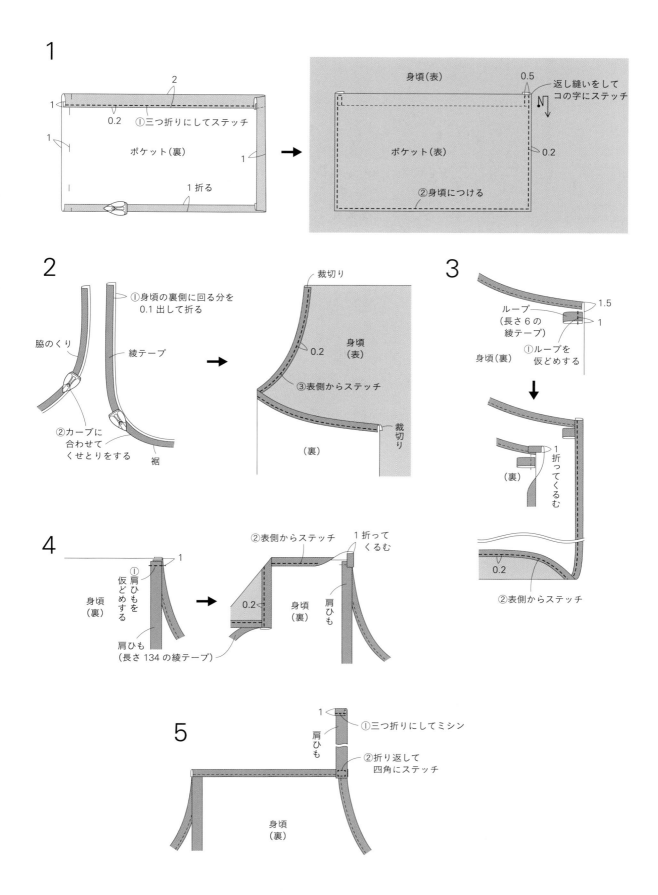

→ P.36 # V

ウエスト部分に大きな袋ポケットがついたギャザースカートです。家の片づけをしながら、思わずいろいろなものを入れてしまいそうです。

[材料]
表布　麻チェック…150cm幅 110cm
ゴムテープ（ウエスト）…幅12mmを M73cm／L79cm

[パターン]（B面）
前スカート、後ろスカート、袋布、向う布

[サイズ]
M／ウエスト71cm、スカート丈70cm
L／ウエスト77cm、スカート丈72cm

[縫い方]
1. ひもを作る。
2. ひも通し口を作る。
3. 前スカートと袋布を中表に合わせてポケット口を縫い返す。ひも通し口からひもを通して脇に仮どめする。
4. 袋布と向う布を合わせてポケット底を縫う。前スカートと脇をそろえて仮どめする。
5. ウエストにゴムテープ通し口を残して脇を縫う。
6. 裾を三つ折りにして縫う。
7. ウエストを三つ折りにして縫い、ゴムテープを通す。ゴムテープを均等に伸ばし、両脇で縫いとめる。

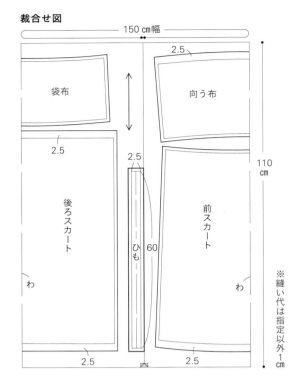

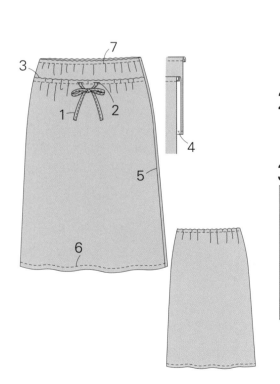

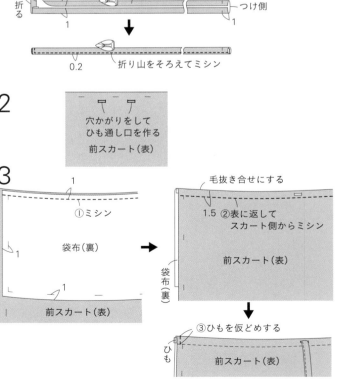

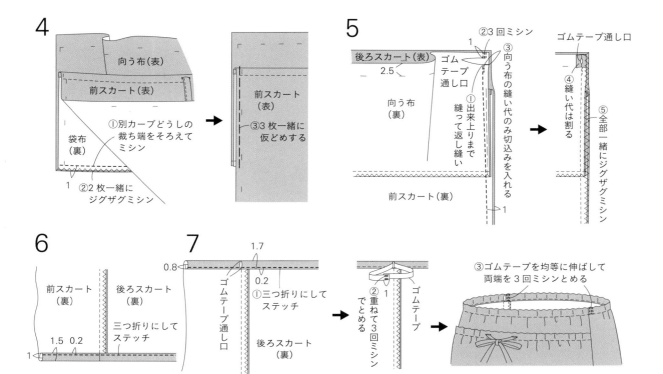

[材料協力]

掲載の布地は時期によっては、完売もしくは売切れになる場合があります。
ご了承いただきますよう、お願い致します。

オカダヤ新宿本店
　東京都新宿区新宿3-23-17
　TEL.03-3352-5411
　http://www.okadaya.co.jp/shinjuku
　(p.16のエスティスケアー、p.21の綿麻ストライプ、p.23のナチュラルリネン、
　p.31のチノピーチ、p.35のチノクロス)

チェック&ストライプ吉祥寺店
　東京都武蔵野市吉祥寺本町2-31-1山崎ビル1F
　TEL.0422-23-5161
　http://checkandstripe.com
　(p.8の海のギンガムチェック、p.13のティッキングストライプ*、
　p.18のリネンツイル、p.20のコットンダブルワッシャー*、
　p.26のやさしいリネン*、p.28のクロスステッチの布*、
　p.29のギンガムチェック/*は参考商品)

フォグリネンワーク
　(布地に関するお問合せはブランケットへお願い致します)
　http://www.blanket-blanket.jp
　(p.12のリネンストライプ、p.36のリネンチェック/すべて参考商品)

丸十
　福岡県福岡市博多区上川端町11-275
　TEL.092-281-1286
　http://maru10.jp
　(p.22のリバティタナローン)

ユザワヤ蒲田店
　東京都大田区西蒲田8-23-5
　TEL.03-3734-4141
　http://www.yuzawaya.co.jp
　(p.14の麻、p.24の8オンスデニム、p.30の11号帆布)

リネンバード二子玉川
　東京都世田谷区玉川3-12-11
　TEL.03-5797-5517
　http://www.linenbird.com
　(p.10のギンガムチェック*、p.32のヤリフラックス、
　p.33のイストワールユーズド*/*は参考商品)

[衣装協力]

掲載のアイテムは時期によっては、完売もしくは売切れになる場合があります。
ご了承いただきますよう、お願い致します。

ヴラス ブラム目黒店
　TEL.03-5724-3719
　(p.6、30のパンツ、p.11の中に着たワンピース)

エイチ・プロダクト・デイリーウェア
　TEL.03-6427-8867
　(p.12のパンツ、p.33のシャツ/ハンズ オブ クリエイション)

グラストンベリーショールーム
　TEL.03-6231-0213
　(p.13のシャツ、p.15左のパンツ、p.20のブーツ、p.の35パンツ/ヤーモ、
　p.13、15右、16、18の靴/サンダース、p.15のポロシャツ/グラコン)

ヒッコリー
　TEL.03-3419-4146
　(p.5の靴、p.5、30のキャップ、p.15左の靴、p.22のスカート、p.29のシャツ、
　p.30のシャツ、p.31のTシャツ、p.35スウェット、キャップ、靴、p.36のパーカ)

ビューカリック&フロリック
　TEL.03-5794-3553
　(p.6のTシャツ、p.15右のスカート、p.20のショートパンツ、p.24のTシャツ/
　アーメン、p.9の中に着たタンクトップ/ミウサ、p.10、26、29のサボ/
　エキスパート、p.20のシャツ/ヴァジーラントマン、p.23のスリッポン/ソイル)

ブランケット
　http://www.blanket-blanket.jp/
　(p.12、18のブラウス、p.29のスカート)

メゾン ド ソイル 恵比寿店
　TEL.03-5773-5536
　(p.16の中に着たワンピース、p.31のスカート、p.33のパンツ)

[小道具協力]

AWABEES
UTUWA

藁谷真生（わらがいまお）

1981年生れ。
特別な日には、祖母の手製のニットに母の手製のスカート、
という装いで幼少期を過ごす。
エスモード・ジャポンを卒業後、アパレルメーカーにて、
約8年にわたり、数ブランドのデザインを担当する。
2011年、自身のブランド「BLANKET」を設立。
約5年間活動したのちに、2018年CLASKAより
新ブランド「HAU」をスタートさせる。

ブックデザイン	中島美佳
撮影	平野太呂
スタイリング	鍵山奈美
ヘア＆メイク	加藤 恵
イラスト(P.2-3)	藁谷真生
モデル	キャロラインM　クリス・アスプ　ダナタ・ミヤケ　モトーラ世理奈
作り方解説	助川睦子
トレース	薄井年夫
マスターパターン	鉢木利恵
パターングレーディング	上野和博
校閲	向井雅子
編集	三角紗綾子（文化出版局）

エプロン と エプロン みたいな ワンピース

2016年4月17日　第1刷発行
2020年2月10日　第2刷発行

著　者　藁谷真生
発行者　濱田勝宏
発行所　学校法人文化学園 文化出版局
　　　　〒151-8524 東京都渋谷区代々木3-22-1
　　　　TEL. 03-3299-2487（編集）
　　　　TEL. 03-3299-2540（営業）
印刷・
製本所　株式会社文化カラー印刷

©Mao Waragai 2016　Printed in Japan
本書の写真、カット及び内容の無断転載を禁じます。
・本書のコピー、スキャン、デジタル化等の無断複製は著作権法上での例外を除き、禁じられています。
　本書を代行業者等の第三者に依頼してスキャンやデジタル化することは、たとえ個人や家庭内での利用でも著作権法違反になります。
・本書で紹介した作品の全部または一部を商品化、複製頒布、及びコンクールなどの応募作品として出品することは禁じられています。
・撮影状況や印刷により、作品の色は実物と多少異なる場合があります。ご了承ください。

文化出版局のホームページ　http://books.bunka.ac.jp/